生死と向き合う心がまえ

三明智彰

法藏館

目次

凡例

一、引用文献、および本文の漢字は、常用体のあるものは、常用体を使用した。

一、引用文献は、以下のように略記する。

『真宗聖典』（東本願寺出版部）……………………「聖典」

一、親鸞聖人と「大谷」という名のり

みなさん、こんにちは。九州大谷《おおたに》短期大学の三明智彰《みはるとしあき》です。今日は「生死と向き合う心がまえ」というテーマでお話をさせていただきます。

九州大谷短期大学は、一九七〇年に福岡県筑後《ちくご》市に創立されました。「大谷」という名のりは、親鸞聖人の精神に基づいた教育をする学校であるということを示します。

親鸞聖人がどうして「大谷」という名前と関わりがあるかといいますと、親鸞聖人のお墓が、京都東山《ひがしやま》の大谷に建てられたということに由来しています。

親鸞聖人は、弘長二（一二六二）年十一月二十八日に九十歳でお亡くなりになりました。そして、火葬に付されました。

日本では今、火葬が当たり前ですが、その由来はインドです。仏教が伝わる前、日

本は土葬の国でした。縄文時代の遺跡からは、足の骨が折れた遺体が出土します。どうして足を折ったのかというと、色々説もあると思いますが、立って歩いて来られては困ると、そういう怖れの感覚が基にあるのではないかと思います。死ぬということを恐れ嫌がる気持ちがあったわけです。

さらに、神話でいいますと、『古事記』によると、日本の国を作られた男神《おとこがみ》（伊邪那《いざな》岐命《ぎのみこと》）と女神《おんながみ》（伊邪那美命《いざなみのみこと》）がいました。その女神が、火の神を産んだために火傷して死んでしまい、死後の世界である黄泉《よみ》の国へ行ってしまいます。男神は、もう一度帰って来てほしいと願って、黄泉の国まで迎えに行きました。すると、女神が「黄泉の国の神様に聞いてくるからちょっと待っていてください、ただし私の姿を見てはいけない」といった。「見てはいけない」といわれるとどうしても見たくなるもので、男神はついつい女神の姿がどうなっているのかと見てしまった。すると女神の体は、もう蛆がいっぱい涌いて腐りかけていて、恐ろしいというか、汚いというか、ひどいその姿を見てびっくり仰天して、逃げ出した。そのとき、女神が、「なんで見たのか」と怒って、黄泉の国の軍隊とともに、追いかけてくる。男神は走ってこの世まで帰ってくるのですが、その途中の坂道のところで桃を投げて逃げ帰ってきたということです。

この世に逃げ帰って来て、黄泉の国との境に蓋をしたとき、女神は、「お前の国のものたちを毎日毎日千人殺す」といった。すると男神は、この世の側から、「それなら俺は毎日毎日千五百人子どもを産む」といったといわれています。

それから、男神が、死の国の穢れを浄めるために、海の水で目も鼻も身体もきれいに洗った。それが、禊《みそぎ》のもとだという説があります。葬式の帰りに、「塩！　塩！」と、清めの塩と水を使う習慣があります。死の穢れを清めるために、塩と水を使うというのは、日本神話に由来する風習だったのです。

火葬をせずに土葬にしてお墓に入れたから、そういう話ができたのでしょう。火葬にすれば、そのような話は出てきません。インド由来の火葬が行われるようになったのは、日本に仏教が入ってきてからのことです。

火葬にしますと、お骨が残ります。骨といわずに「お骨」という。尊敬の気持ちでいうのではないでしょうか。お骨を拾い集めて、インドではガンジス河に流すのですが、日本ではお墓に納めます。

親鸞聖人は、

「某《それがし》　親鸞閉眼《へいがん》せば、賀茂河《かもがわ》にいれて魚《うお》にあたうべし」（『改邪鈔』聖典六九〇頁）

といわれたそうです。しかしながら、門弟としては、川に捨てることは出来なかった。また、家族も、それは出来なかったのだと思います。それで、火葬して、お骨を拾って京都東山《ひがしやま》の大谷《おおたに》にお墓を建ててお骨を納めたのです。それが、「大谷」という名のりの由来です。

二、親鸞聖人の精神に基づく人間教育

お弟子方がお墓にお参りをして、親鸞聖人を思い礼拝する。また教えを思い出すわけです。お墓がその人を偲ぶ手がかりになります。

お墓は良いですね。なぜお墓が良いかといえば、お墓は話をしません。

「よく来たな。お前しばらくさぼってたな。一年ぶりじゃないか、何やってたんだよ」

などといわないのがお墓です。お花や水や線香を持ってお墓にお参りに行くのですが、お墓に向かって、

「あーらお父さんお久しぶり、ご無沙汰してました」

などと声をかける人もいます。しかし、お墓の方は何もいわない。「おお、ご無沙汰だったな」とはいわない。それで、お参りに行った人は、

「お父さんは早く亡くなったから、ちっとも老けなくっていいわね。私はお父さんが亡くなってから色々あってね。それでも子ども達も大きくなりました。きょうは花子の就職の報告に来たのよ」

とお墓に向かっていう。お墓は何にも答えないけれども、お墓に向かって話しをしながら、話しをしている人の心に思い出が色々と蘇ってきて、人生自体を顧みるという精神活動が行われる大きな意義がある。そういう、はたらきがあるわけです。

それで、お墓に向かって「お世話になって、ありがとうございました」と、お参りしてお礼をいう。お墓からの帰り道に、「ご苦労様でした」と声をかけられると、多くの人が「ありがとうございました」といって帰って行かれます。お墓参りをした人は、いい顔をしておられます。それは、心が穏やかになるからでしょう。きょうは、皆さんのお顔も、大変いいお顔をなさっています。それと同じように、お墓参りに行かれた人のお顔も大変良いのです。

親鸞聖人のお弟子方も、親鸞聖人のお墓へお参りして、こういうことを教わったなあ、こういうことを習ったなあと、現在の自分の生き方を顧みて語りあって、改めて親鸞聖人から何を教わったのかを確かめ合い語り合っていたのです。そして、そういう場所が本願寺になってきた。本願寺の元は、京都東山大谷に建てられた親鸞聖人のお墓です。それで、東本願寺の関係学校の多くが「大谷」と名のっています。それは、親鸞聖人の精神に基づく教育をしていくという名のりなのです。

ではその教育とは何ですかというと、人間教育です。人間教育ということで何をいいたいかというと、人間を学ぶ。自分自身を見つめなおす、自己を学ぶということを基本としようということです。人間教育とは、そういう趣旨でいっているわけです。九州大谷短期大学は、幼児教育学科、福祉学科、表現学科、そして、仏教学科という四つの学科がありますが、共通していることは人間であることを学ぶ。この自己自身をきっちりと学ぶ、これが一番基本だということです。それが、日々の授業の根底に願われているのです。

三、生死と向き合うとは人生全体に向き合うこと

「生死と向き合う」の「生死」ということですが、親鸞聖人が書かれた『正信偈』に、

生死《しょうじ》即《そく》涅槃《ねはん》なりと証知《しょうち》せしむ。（証知生死即涅槃）　（聖典二〇六頁）

という言葉があります。「生死」というのは、普通は「せいし」と読みますが、ここでは「しょうじ」と読みます。「証知」は「あきらかに知る」ということ、経験し体験的に知るという意味です。「証」という字について、親鸞聖人は「証は験なり」（聖典一〇三二頁上段）と解説されています。

「生死は、すなわち涅槃なりということを証知する」といわれるのですが、生死と

涅槃はどういう関係かというと、普通は反対の意味の言葉です。涅槃は、覚《さと》りや覚りの世界のことです。これは、「ニッバーナ」とか「ニルバーナ」というインド語の音写で、「炎が吹き消されたしずかな状態」という意味です。「ニルバーナ」という音を聞いて、漢字を当てて「涅槃」と書くようになったのです。涅槃は覚りで、煩悩の炎が吹き消されてしまった静かな世界という意味から、「寂静《じゃくじょう》」ともいわれます。

覚りの反対言葉は迷いで、目覚めるの反対言葉は、眠るです。ですから、「目覚める」とはどういうことかというと、眠っていたことに気づくということです。そうすると、眠りと目覚めとは、実は繋がっている。眠らないと目覚めない。目覚めると眠っていたことがわかる。夢の中では、目が覚めているつもりでも眠っているのです。そういうことからいうと、覚りと迷いというのは、切っても切れない関係にあるわけです。

「生死」とは、インド語の「サンサーラ」の翻訳です。別の訳では、「輪廻《りんね》」とか

「流転《るてん》」ともいわれます。輪廻とは、循環する迷い、繰り返す迷いです。これが生死です。この生死というのは何を表しているのかというと、現在ただいまの私の生き方が生死なのです。

「生死」を「せいし」と読めば、生きているか死んでいるかということになります。それに対して、「生死（しょうじ）」と読むと、人生全体のことであり、人々が生き合っているこの世の中のことになります。世の中の本質を「生死（しょうじ）」というのです。ですから、「生死と向き合う心がまえ」というその題目ですが、その時の生死というのは、生きるか死ぬかということよりも、その人生全体という問題があるのです。人生といわずに、生死というところに意味があるわけです。

四、生のみがわれらにあらず、死もまたわれらなり

生きることと死ぬことということと、現代人は違うことのように考えるわけですけれども、生きることと死ぬことは関係性がある。これについて、着眼されたのが、近代では清沢満之《きよざわまんし》（一八六三〜一九〇三）という人です。

生のみが我等にあらず、死も亦《また》我等なり。我等は生死を並有するものなり。
（岩波書店『清沢満之全集』第六巻、一一一頁）

こういう言葉があります。

清沢満之先生は、日本の哲学の草分けの方です。西田幾多郎より前の人です。文久三（一八六三）年に名古屋に生まれました。お父さんは尾張藩の足軽の身分だったそうです。侍の世の中が終わって、それでお茶の行商とかをして苦労された。その息子

であった清沢満之先生は、大変な努力家で勉強がよくできた。それでその当時、東本願寺が生活費と学費を奨学金として出すという人材育成の方針を出したときに、地元のお寺さんに薦められて東本願寺設立の育英教校で勉強するようになりました。さらに、東本願寺から東京留学を命ぜられて、当時出来たばかりの東京帝国大学で哲学をフェノロサに学びました。フェノロサは、日本文化の研究家として名前が残っていますが、明治十一（一八七七）年、二十五歳で来日し、哲学を講じました。専門は、ヘーゲル哲学。それで、清沢先生は、フェノロサからその当時最新鋭のヘーゲル哲学を習われたわけです。

清沢満之の特徴は、ただ、哲学的思索というだけではなくて、自分自身が結核に冒され、それで死が目前に迫っているという状況のなかで、人生を見詰められたということです。

「生のみが我等にあらず、死も亦我等なり」というのは、生きることと死ぬことはつながっているということです。あるいは、切っても切れない関係にある。「我等は生死を並有するものなり」、生きること死ぬことを並有するものだ、二つながら持っているものだといわれます。清沢満之先生は、仏教を受け止めて、このことを承知して生きることを説かれた。それが生死並有の心がまえでありましょう。結核に冒されて、血を吐きながら数えの四十二歳で亡くなったのです。そういう状況の中で、生死を見つめられた言葉です。

現代の多くの人は、生きているときは死んでいない。死んだときは生きていない。死んだ人はかわいそう。生きているうちが花、死んだら終わり。生まれておめでとう。死んだら悲しい、さようなら。このような調子で、生と死を分離して考えているわけです。大方の傾向はそうです。ですから、命の終わりということを改めて大急ぎで考えなくてはいけないことになってしまいました。

このごろでは「終活」ということがいわれるようになってきました。生きているうちに、死んだ後の準備をしましょうということですが、それは遺産相続などの手続きが中心になっています。しかし、それだけではないでしょう。命の終わりを考えるということは、人生全体を考えることです。生きているということに、死ぬということが繋がっているのに、生きることしか考えてこなかったのが問題なのです。

五、死を思うから、今を生きることがはじまる

現代の日本人は、生きることと死ぬことを分離して見て、死んだら終わりと考えがちです。しかし実際は、死ぬということは、単なる終わりではないのです。棺の蓋をかぶせた時はじめて、その人がどういう人だったかがわかると、こういうことは昔かららいわれてきたことです。つまり、生きている間は発展途上なのです。最終最後までどうなるかわからない。最後の最後の瞬間、その時までどんなどんでん返しがあるか

わからない。どれほど年をとっても、ただいま発展中ということですから、棺桶の蓋をかぶせてはじめてどういう人かが決まるのです。

亡くなって、お別れですけれども、その別れから亡くなった人がどういう人だったのかということが、改めてしみじみと思い出されるのです。実はそのことが大事なことなのではないでしょうか。

この中に、お父さんお母さんを亡くされた方もおありだと思います。またお子さんを亡くされた方もおありだと思います。さらにお連れ合いを亡くされた方もおありだと思います。いかがでしょうか、亡くなってはじめてどういう人だったかなということが、つくづくと思い出されるということがあるでしょう。

生きている間は、顔や表情、その態度ばかりが気になって、本当には会っていなかったということもあるわけでして、別れてこそ会うことがはじまる。そういう点では、死ぬということが出遇いのはじまりだという意味がある。

私たちは、それが当たり前だと思っていますが、生と死ということを分け隔てする見方が問題です。そもそものこと自体がおかしいのです。生と死を分離して見る見方では成り立たない。実は生まれたということは、死ぬということが約束されているということです。また、生きているということは、死につつあるということでもあるのです。

さらに、死んで生きるということもあります。いま歴史上に名を残している人は、みんな死んだ人です。私たちに教訓を残している人は、みんな死んだ人です。死んだ人が本当に教えてくれるのです。生きている人は、教えてくれません。また、生きている人に習うのは難しいのです。身近な親と会うというのは本当に難しいのです。「うるさいな、ほんとにもう。ハイハイ」と返事をしたり、「いつも同じことばっかりいう。わかってますよ」などといいませんか。これは、全然わかっていないからいうのです。このように、私たちは親をぞんざいに扱っていますね。

本当のところは、諺《ことわざ》にいう「いつまでも、あると思うな親と金」でしょう。お金と対になっていますが、伝えたいのは親のことです。そのことに気がついて、親がいつまでも生きていると思ってはならない。生きているうちにちゃんと習わなきゃいけませんよといわれているのです。

生もまた我であるし、死もまた我であると、こういうことをきちんと承知する。そうするとどうなるかというと、生と死は分離できないと気づく。死によって、生の意義に気づく。死を思うから、今を生きるということがはじまるのです。

親鸞聖人作として伝えられてきた、

明日ありと思ふ心のあだ桜　夜半《よわ》に嵐の吹かぬものかは

という歌があります。無常の事実をはっきりと詠まれています。私たちは、今日のうちにする必要があるのです。お礼をいうべきこと、詫びるべきことがあれば、やはり今日のうちにしておくべきなのでしょう。そういう心がまえが必要なわけです。

六、釈尊の生涯に学ぶ

「生死と向き合う心がまえ」ということについて、私たちは、人類の教主といわれる釈尊の生涯から学ぶべきだと思います。釈尊の生涯については、八つの大きな場面を取り上げて学ぶということが行われてきました。釈尊の生き方を学ぶということが、実は私たちが仏教を学ぶ、人生を学ぶということになるのです。

釈尊の生涯の八つの場面というのは、托胎《たくたい》（入胎）、誕生、処宮《しょぐう》、出家《しゅっけ》、降魔《ごうま》、成道《じょうどう》、初転法輪《しょてんぽうりん》、入涅槃《にゅうねはん》の八つの場面です。

一番目の托胎（入胎）というのは、お母さんのお腹の中に入ったということです。二番目が誕生で、三番目の処宮というのは、生まれてから宮廷での生活をしているときのことです。それから、四番目が出家で、出家というのは家出とは違います。修行する者になるということです。そして、五番目の降魔というのは、六年間の修行の後に魔を降《くだ》したということで、六番目の成道というのは、覚《さと》りを完成されたということです。その後に、法を説かれるようになるのですが、そのはじめての説法が、七番目の初転法輪です。仏法のことを法輪にたとえられました。法輪を転じるというのは、法を説くということです。仏陀の彫刻が無かった時代は、法輪を拝んでいました。法輪は、輻《や》が千本ある千輻輪《せんぷくりん》といわれる形で表されているのです。これは、スポークが千本もあるような頑丈な車輪です。それで何を表しているかというと、どこまでも真実の法を説いていくということです。そういうことで、仏教のことを法輪というのです。それで、八番目が涅槃です。これは、釈尊が亡くなった時です。

これらの八つの場面には、若干の出入りがあって、最初に「処兜率《しょとそつ》」を置く場合もあります。お母さんのお腹のなかに入る前に兜率天にいたと、そういうように生まれる前の居場所が話題にもなっていたわけです。もう一度まとめれば、(処兜率)、托胎

（入胎）、誕生、処宮、出家、降魔、成道、初転法輪、入涅槃の八場面です。

その中で、取り上げたいのは、誕生についてです。釈尊は、ルンビニの花園で生まれたと伝えられています。お花畑で生まれたというと、メルヘンチックな話に思われますが、実はおかしい話なのです。花園で生まれたということは、つまり野外出産じゃないですか。王様の子どもが野外で出産するというのはおかしいわけです。さらに、伝説によるとお母さんの摩耶夫人《まやぶにん》が、手を挙げて高い木に触ろうとした時に生まれたといわれています。つまり、切迫早産だった可能性があるのです。それで、甘茶をかけたのは蘇生術だったかもしれません。甘茶をかけたときに、「オギャァ」と産声を上げた。そういうことなのではないかと、見当はつきます。そして、お母さんの摩耶夫人は、産後の肥立ちが悪くて七日後に亡くなったということです。そのような困難なお産だったわけです。

釈尊がお生まれになった時、普通なら「オギャァ」と産声を上げるのですが、釈尊は「天上天下唯我独尊」といわれたと伝えられています。「唯我独尊」というのは、「この広い宇宙に、唯我ひとり。代わりがきかないから尊い」ということなのです。

このように、自分は誰も代わりがきかない尊いものであると、自分の尊さに気がついたら、隣の人も尊いと気づかなければ本当の尊さとはなりません。そういうことが、仏教のメッセージです。一人ひとりが、かけがえのない存在です。それなのに、どうして自暴自棄になるのかというと、他人と見比べるからです。比較を一旦脇に置いて、自分自身はどういうものであろうと、この宇宙でたった一人だと、そのこと自体を大事にするというのが仏教の教えです。

七、四門出遊の教え

釈尊がお生まれになったとき、釈尊の誕生を祝福するために、アシタ仙人がやってきて、釈尊を見てポロリと涙を流した。何故泣くのかと問われたアシタ仙人は「この子は武器を持てば世界を支配する転輪《てんりん》聖王《じょうおう》になるだろう。もし出家修行して法を得れば、世界を導くブッダになるだろう。しかし、私は老齢のためそのお姿を拝むことができないから泣くのです」といったのです。それを聞いた父王は、世界を支配する帝王になるというならば望ましいことであるが、王子が出家なんかしたら自分の後継ぎがいなくなってしまう。出家する気を起こさせないように、人生の無常や苦を見させないように配慮して育てようと考えたのです。それで、若くて美しい者だけを侍《はべ》らせ、季節ごとの宮殿を用意し、最上級の衣服と食事をそろえて育てたのです。

釈尊は、そのような環境で、青年期を城の中で過されました。けれども、自分が生まれた時にお母さんが亡くなってしまった。自分が生まれなければ、母は生きていたかもしれない。それで、あまり楽しめない気分があった。鬱々とした状態がひどくなってはいけないので、城の外に出て遊ぶことになった。

城の四方に門があって、最初は東の門から出られた。その時に、老人を見られた。いままで年老いた人を見たことがなかったので、釈尊は「あれは何だ」と聞かれた。するとお付きの人が、

「老人です。人は誰でも年を取るとあのようになるのです。王子様も今は若くて美しいけれども、必ず老いるのです」

と答えました。それを聞いて、釈尊は遊び心が失せてしまって、城に戻られた。人は誰でも老いなければならない、自分も老いを避けられないという事実に気づかれた。我がこととして気づかれたということです。

しばらくして、釈尊は、城の南の門から外に出られて、今度は病人を見られた。いままで病人を見たことがなかった釈尊は、「何だあれは」と聞かれた。するとお付きの人が、

「あれは病人です。王子様は、いまは若くて元気で、綺麗でおられるけれども、いつ

病気になるかわかりません。病気になれば大変苦しむのです」と答えました。それで、自分もそうなるのかと気がついて、遊び心が失せてまた城へ戻ってしまわれた。人は病気になることがある。自分もまたそうであるということに気がつかれた。

さらにしばらくして、西の門から出られた時には、死という事実に気づかれた。人が火葬にされて骨になるまでの一部始終を見られて、こういうことだったのかと気づかれた。人は死ななければならない、自分もまた避けられないという事実に気づかれたということです。

そして次に、城の北の門から出られた時には、沙門《しゃもん》を見られた。沙門とは、インド語で「サモン」で、出家修行者のことです。飾り物も身に着けず、質素な服を着ているけれども目が澄んでいて、姿勢が正しく清々しい。釈尊は、また「あれは何だ」と聞かれた。するとお付きの人が、

「あれは沙門です。この人生では、金銀財宝や若さや美貌や健康な体力だけでは、本当の幸せは得られない。それらは必ず無くなっていくものだということに気がついて、無くなることのない人生の真実、幸せを求めて修行する者を沙門といいます」と答えた。それで釈尊は、自分も沙門になろうと内心密かに決意された。その後、二十九歳の時に城を出ることになるのです。

これが、四門出遊《しもんしゅつゆう》という出来事です。これを『大無量寿経』には、

老・病・死を見て世の非常を悟る。（聖典三頁）

と説かれています。『大無量寿経』には、八相成道《はっそうじょうどう》が、釈尊だけではなく、そのお説教の場に集まった聴衆の菩薩たちの生き方でもあると示されています。誕生の言葉は、

吾当《まさ》に世において無上尊となるべし。（聖典二頁）

とあります。これは「天上天下唯我独尊」と同様の趣旨です。

八、朝には紅顔ありて夕べには白骨となれる身なり

「老・病・死を見て世の非常を悟る」と、このことは釈尊にとって人生そのものが課題になったということなのです。「老・病・死を見て世の非常を悟る」の「非常」とは何でしょう。無常と同じように見る人もありますが、特に非常といわれています。「世の非常を悟る」というのは、他人事ではなく自分自身が老病死を避けられない存在であると気がついたということです。

私たちは、知り合いが亡くなったりすると、そのときは「本当に、はかないものだ」「あれほど元気な人でも亡くなるんだ」と感じます。浄土真宗の場合、お通夜の席、あるいは火葬も済んで遺骨を持って家に戻って来た時に拝読される「白骨《はっこつ》の御《お》文《ふみ》」に、

我やさき、人やさき、きょうともしらず、あすともしらず、おくれさきだつ人は、もとのしずく、すえの露《つゆ》よりもしげしといえり。されば朝《あした》には紅顔《こうがん》ありて夕べには白骨となれる身なり。

（『御文』聖典八四二頁）

といわれています。「我やさき、人やさき、きょうともしらず、あすともしらず」というのは、人間が亡くなるのは、私が先か他人が先か、今日なのか明日なのかわからないということです。「おくれさきだつ人は」というのは、「おくれる」のは遺族、「さきだつ」のは先に亡くなる人です。次に「もとのしずく、すえの露よりもしげしといえり」とありますが、「しげし」というのは多いということ。この世の水滴よりも多い人が、毎日毎日亡くなっていく。別れを悼んでいる人が、たくさんいるということです。

「朝には紅顔ありて」とは、朝に血の通った元気な顔をしているということです。朝、元気な顔をしていても、夕べには白い骨となってしまっても何もおかしくない。

この「御文」が読み上げられるのを聞いて、そのときは「そうだなあ」と思うのですが、お通夜の帰りであっても、ちょっと一杯飲むと、すぐに忘れてしまう。本当に私たちは、そういう愚かな者です。

私たちは、自分が死ぬのはまだ先、まだ大丈夫と思っている。私たちの人生は、いつ終わるかわからない。わからないからこそ、今を、悔いの無いように誠実に生きていかなければならないのでしょう。ところが、忘れてはいけないはずのことなのに、忘れてしまうのが人間です。そのような、すぐに忘れてしまうような私たちに、身をもって教えてくださるのが、実は亡くなった方なのです。教えてくださっているのですから、先生です。先生のことを善知識《ぜんじしき》といいます。その意味で、亡くなった方は身をもって教えてくださっている善知識なのです。

親鸞聖人は、また、『教行信証』に次の言葉を引かれています。

ああ夢幻《むげん》にして真にあらず、寿夭《じゅよう》にして保ちがたし。呼吸の頃《あいだ》に、すなわちこれ来生《らいしょう》なり。一たび人身《にんじん》を失いつれば、万劫《まんごう》にも復せず。

（『楽邦文類』「行巻」聖典一八三～一八四頁）

すべては、夢まぼろしで真ではない。「寿夭」の寿は命、夭というのは滅ぶとか弱いという意味です。ですから「寿夭」というのは、命が弱くて保ち難いということです。呼吸の間にこの人生は終わってしまう。「来生」というのは次の生です。覚りを得なければ、次の迷いの生を続けなければならない。迷い続け循環し続ける。「一たび人身を失いつれば、万劫にも復せず」というのは、ひとたび人の身を失ったら、どれほど長い時間が掛かっても元には戻らないということです。人として生まれたということは、仏法を聞くための唯一無上の機会です。最高の機会です。これを最後のチャンスとして、仏教を学ばなければならないという勧めの言葉です。真に人間でないと、仏法は聞くことができないのです。何故かというと、天の世界では快楽がありすぎて仏法を聞かない。その反対に、地獄や修羅《しゅら》に生まれてあまりに苦しすぎると、人生とは何かと考える暇がない。

九、人間に生まれたことの尊さを知る

仏教では、迷いの世界を、地獄・餓鬼《がき》・畜生《ちくしょう》・修羅《しゅら》・人《にん》・天《てん》の六道と説かれますが、実はこれは人間の問題を表しているのでしょう。仏法が聞けるのは人だけです。また仏法を聞くことによって、人間がはじまるということです。人の皮を被っているけれど狼かもしれない。仏法を聞くようになってはじめて、お父さんお母さん有り難うというようになる。よく聞く話です。お父さんお母さん有り難うございました。産んでくれて有り難うございました。育ててくれて有り難うございました。こういうことがどうしていえるようになるのかというと、「人身《にんじん》受け難し」ということを知ることによるのです。そしてその「人身受け難し」、人の身は受け難いということを教えるの

が仏教なのです。

私たちは、さまざまな縁、条件が整って生まれてきた。お父さんお母さんを縁として生まれてきました。「縁」とは、仏教用語です。基本は縁起の道理ということです。条件が整って、人も全てのものも存在する。そういう道理を表すのが「縁」で、それを教えるのが仏教です。

ところが、「仏法聞き難し」といわれます。私たちは、そういう縁による生存であるということを覚悟しろといわれても、なかなか覚悟ができません。それで「仏法聞き難し」といわれます。親鸞聖人は、

また浄土へいそぎまいりたきこころのなくて、いささか所労《しょろう》のこともあれば、死なんずるやらんとこころぼそくおぼゆることも、煩悩《ぼんのう》の所為《しょい》なり。

（『歎異抄』聖典六二九～六三〇頁）

といわれました。「所労」とは疲れるということです。体調が悪く、具合の悪い時が

あると死ぬのではないかと心細く感じる。これも煩悩のしわざですといわれています。親鸞聖人という人は、宗教家で聖人だといわれていますけれども、実際のところはちょっと疲れて具合が悪くなると死ぬのではないかと心細くなるという、普通の人だったのです。さらには、

なごりおしくおもえども、娑婆《しゃば》の縁つきて、ちからなくしておわるときに、かの土へはまいるべきなり。

（『歎異抄』聖典六三〇頁）

といわれています。「かの土」とは極楽浄土です。この世をどれほどなごり惜しく思っても、娑婆の縁が無くなれば極楽浄土にいく身となるといわれるのです。娑婆というのは、インド語の「サハー」という言葉を音写した言葉です。意味は、堪え忍ばなければならない世界ということです。この娑婆の世の中は、「堪え忍ばなければならない世界」です。しかしこんな世界には居たくないといいながらも、私たちは娑婆に居たいとも思っている。それが人情です。それでも、この世にしがみついている力が

なくなったとき、命の終わりを迎える。けれども、命が終わったらそれですべてが終わるわけではない。親鸞聖人は、「かの土へはまいるべきなり」と、極楽浄土にいくといわれるのです。

命が終わったとき、全てが終わりになって、真っ暗闇の世界に堕ちていくということではないのです。親鸞聖人は、無量光明土に生まれるといわれる。限りない光明の世界に往くのです。我々の未来は、光り輝く世界に往くのであって、真っ暗闇の世界に堕ちるのではありません。若い時は、元気で命がいつ終わるかなんて考えません。しかし、年を取ってくると、体の具合が悪かったり辛かったりすると、このまま命が終わったらどこへ行くのだろうという心配が頭をもたげてきます。そんな時に思い出していただきたいのが、無量光明土へ往くといわれる親鸞聖人の教えです。私たちは、「今度会うときは、無量光明土で会おうね」「ありがとう、またお浄土で会おう」と挨拶して終わっていけるのです。これが実は、浄土の教えです。

釈尊は、この世の命が終わったら、極楽浄土に往くのだと説かれているのです。言い方を換えれば、この世での私たちの人生は、安楽国に向けての人生だということです。往生という字は、「往く」に「生きる」と書きます。これは、「往く」に「生まれる」ということです。ですから、後ろ向きではなく、この世を生き生きと生きるというのが往生ということなのです。人生の不安ということを抱えながらも、悩みや苦しみを抱えながらも、浄土へ向かっての人生を生き生きと生きるということが往生ということなのです。

十、真実の願いに生かされて生きる

親鸞聖人の臨終の姿については、次のように伝えられています。

聖人弘長二歳　壬戌《みずのえいぬ》　仲冬《ちゅうとう》下旬の候より、いささか不例《ふれい》の気まします。自爾以来《それよりこのかた》、口に世事《せじ》をまじえず、ただ仏恩《ぶっとん》のふかきことをのぶ。声に余言《よごん》をあらわさず、もっぱら称名《しょうみょう》たゆることなし。しこうして同第八日《おなじき》午時《うまのとき》、頭北面西右脇《ずほくめんさいうきょう》に臥《ふ》し給いて、ついに念仏の息たえましましおわりぬ。時に、頽齢九旬《たいれいきゅうしゅん》に満ちたまう。

（『本願寺聖人伝絵』聖典七三六頁）

弘長二歳というのは、一二六二年です。その年の十一月の下旬から「いささか不例の気ましなす」、体調が悪くなった。それからは、「口に世事をまじえず」、世間のことはお話しにならなかった。そして「ただ仏恩のふかきことをのぶ」、仏様の恩《めぐみ》が深かったことだけをお話しされた。さらに「もっぱら称名たゆることなし」、称名とは南無阿弥陀仏と申すことです。このように、親鸞聖人の臨終の姿が伝えられています。親鸞聖人が、仏様の恩に感謝されたということは、また身近な家族に感謝されたということで、「有り難いことであった」といい続けられたということでしょう。そしてその後は、ただ念仏だけを称えて命を終えられたのです。

このように、娑婆の人生というのは、夢幻の如き人生ではあるけれども、その人生全体が浄土に向かっての人生であり、そのような前向きの人生を、私たちはいただいているということなのです。私たちが生まれてきた時は、「よかったねえ」と親に祝福され、「よく生きてくれよ」と願いを掛けられて生まれてきたのです。そのように、願いを掛けられた人生を賜わったことを、感謝して受け止められたのが、親鸞聖人の生き方です。

親鸞聖人は、『歎異抄』で、

煩悩具足《ぼんのうぐそく》の凡夫《ぼんぶ》、火宅無常《かたくむじょう》の世界は、よろずのこと、みなもって、そらごとたわごと、まことあることなきに、ただ念仏のみぞまことにておわします。

（聖典六四〇～六四一頁）

といわれています。「煩悩具足の凡夫」とは、自分自身のことです。「火宅無常の世界」は、この世の中のこと。「よろずのこと、みなもって、そらごとたわごと、まことあることなき」とは、どこにも真実はないということです。そのような真実のない世の中で、「ただ念仏のみぞまことにておわします」といわれるのが親鸞聖人です。

念仏というのは、「南無阿弥陀仏」です。「南無」は、帰命ということで、頭が下がることです。「阿弥陀」とは、限りなき寿命と光明のはたらきです。ですから、「南無阿弥陀仏」というのは、無量無限のはたらきに頭が下がるということです。大いなる願いが、南無阿弥陀仏という言葉になって、私たちに念仏申すようにはたらいているのです。そのように、親鸞聖人は教えられています。南無阿弥陀仏と申すところに、有り難うという気持ちが開かれてくる。そうなれば、有り難うといえること自体が喜びになります。お礼をいえること自体が喜びになる。そういう、喜びの人生を歩ませていただくのが、念仏を称えて生きる人生なのです。

火宅無常の現実は、大変厳しいものです。煩悩具足の凡夫であるこの私が作り出している世界が火宅無常の世界ですから、どこにも真実がないのです。ですから、「みなもって、そらごとたわごと、まことあることなき」といわれるのです。「これはほんとうの話です」といって人を騙すのが、この娑婆の世の中です。ですから、どこにも真実がありません。その娑婆の世の中で、「ただ念仏のみぞまこと」といわれるように、阿弥陀仏の願いだけが真実なのです。

誕生した赤ん坊の産声を聞いた時の感動、生まれてきた赤ん坊を抱いた時の感動。「よく生まれてきたね」という感動、「よく生きてくれ」という願いだけが真実なのです。その真実の感動と真実の願いに包まれて、私たちは人間としてこの世に生を受けました。そのことに恩を感じて生きるというのが、念仏者の生き方でしょう。それが、有り難うとお礼をいって生きるということの、具体的な姿なのです。

恩に感じて生きるということが、私たちが「生死と向き合う」ということになるのでしょう。「生死と向き合う心がまえ」というのは凄い題目です。生死は一つであって、そのことに向き合うということは率直にいって、簡単にはいきません。心がまえも私たちにはできません。持てといわれても持てません。ただこのような弱い者、頼りない者が自分自身だということを承知していく。そのことを教えてくださっているのが、仏教であり釈尊の教えです。そしてその釈尊が説かれたのは、本当の願いが掛けられているということです。このことに触れさせていただく。そのことに気づいて、なんとかこの生死を歩ませていただくことが出来ると教えておられるのです。

あとがき

この冊子は、三明智彰先生を講師にお招きし、證大寺の再興四〇〇年を記念し開催した公開講座「仏教に学ぶ生老病死に向き合う心構え」の記録です。会場の東京・大手町サンケイプラザには、毎回、定員を超える一二〇名ほどの参加者が参集し、真剣に聴聞する姿勢から、仏教に人生を学ぶ機会を求める人々が待っていたことがヒシヒシと感ぜられました。

證大寺は、福岡県行橋市からほど近い京都郡犀川の続命院を発祥として、一六一六年に親鸞聖人の教えを学ぶ道場として再興されました。祖父の井上徹玄は、布教師として九州各地を巡回しながら、父に生涯聞法の姿勢を示しました。そして、その教えを受けた父は、首都開教を志して、日豊教区から東京教区に寺基を移し、現在にいたっています。

證大寺の再興四〇〇年を迎えるに際して、三明智彰先生に相談をしたところ、再興ということであれば、まことの信心の再興が肝要ですと教えていただきました。また、お寺は木材や瓦などの材料ではなく、真宗公開を志した先人の願いによってできているのですとの仰せを承りました。

おもえば、三明智彰先生は、真宗公開の願心に生きんとして、平成九年より東京にて公開講座を開催してこられました。それは首都圏にて、如来の教法を共に学ぶ御同朋を求めての歩みであります。三明智彰先生と亡き父の願いを受け、再興四〇〇年の記念事業として公開講座が街の中で開かれ、また冊子として公開されることに深く感謝申し上げます。

戦後まもなく誕生した団塊世代が、定年退職を迎え、自分の人生に向き合う時間を持つことができるようになりました。これを受けてこの度新たに「団塊世代の仏教入門」という願いを掲げ、三明智彰先生を講師に「『歎異抄』に学ぶ」という講題で新しい講座を始めました。これからも、市井の人々と共に親鸞聖人の言葉に学び、現代社会の課題に応答する講座を公開して参る所存です。

講座の日程などは、ウェブサイト「週刊仏教生活」をご覧いただくか、拙寺までお問い合わせをいただければ幸いです。（電話　〇三―三六五三―四四九九）

二〇一六年四月八日

真宗大谷派　法輪山證大寺住職　井上城治

三明　智彰（みはる　としあき）

1954年、弘前市に生まれる。早稲田大学教育学部国語国文科卒、東京大谷専修学院卒。大谷大学大学院文学研究科真宗学専攻博士後期課程単位取得満期退学。大谷大学助教授、愛知新城大谷大学教授・社会福祉学部長、九州大谷短期大学副学長を経て、現在、九州大谷短期大学学長。九州大谷真宗研究所所長。明教寺住職。量深学場主宰。

著書・論文
『親鸞の阿闍世観―苦悩と救い―』『阿弥陀経講話』『願心の目覚め』『歎異抄講義』上下（法藏館）、『浄土三部経講座』１～15（廣徳寺）、「親鸞の仏道体系―如来の誓願と行信―」（日本仏教学会編『仏道の体系』平楽寺書店）、「曽我量深における法蔵菩薩論の形成過程とその原理」（『大谷大学真宗総合研究所研究紀要』12）、「親鸞における見仏性の意義」（『真宗研究』31）等。

生死と向き合う心がまえ

二〇一六年四月八日　初版第一刷発行

著者　三明智彰
発行者　西村明高
発行所　株式会社　法藏館
京都市下京区正面通烏丸東入
郵便番号　六〇〇－八一五三
電話　〇七五－三四三－〇〇三〇（編集）
〇七五－三四三－五六五六（営業）

装幀者　井上二三夫
印刷　立生株式会社　製本　清水製本所

ISBN 978-4-8318-8751-1 C0015